Chef Giulia Galli

FRIGGITRICE
ad ARIA

CW00550722

IL RICETTARIO PROFESSIONALE DEL 2021 CON RICETTE EXTRA CROCCANTI, SEMPLICI E VELOCI DA ARROSTIRE, FRIGGERE E GRIGLIARE | + 7 SEGRETI PER UNA FRITTURA DA MAESTRI

TABLE OF CONTENTS

CAPITOLO - 1
LINEE GUIDA   7
    1.1. IL FUNZIONAMENTO DI BASE   8
    1.2. LA TECNOLOGIA "RAPID AIR"   8
    1.3. LA STRUTTURA DELLA FRIGGITRICE AD ARIA   9

CAPITOLO - 2
COSA E COME FRIGGERE   11
    ALIMENTI SURGELATI   11
    CARNE   11
    VERDURE   12
    PESCE E FRUTTI DI MARE   12

CAPITOLO - 3
7 CONSIGLI PER UNA FRITTURA DA URLO   13
    1) USA L'OLIO, MA CON PARSIMONIA   13
    2) ABBASSA LA TEMPERATURA DI COTTURA   13
    3) CONTROLLA PIÙ VOLTE LA COTTURA DEL CIBO   13
    4) NON RIEMPIRE COMPLETAMENTE IL CESTINO   14
    5) NON LIMITARE LA TUA FRIGGITRICE AD ARIA: PUOI USARLA
    COME UN FORNO!   14
    6) NON DIMENTICARE DI PRERISCALDARE LA FRIGGITRICE
    AD ARIA   14
    7) NON DIMENTICARE LE VERDURE!   15

CAPITOLO - 4
PULIRE LA FRIGGITRICE IN 4 SEMPLICI PASSAGGI   17
    1.NON PROCRASTINARE: RIPULISCILA DOPO OGNI UTILIZZO
    (OGNI SINGOLA VOLTA)   17
    2.UTILIZZA DELL'ACQUA CALDA PER PULIRE IL CESTELLO   18
    3.NON DIMENTICARE DI PULIRE LA RESISTENZA   18
    4.ASCIUGA L'ESTERNO   18

CAPITOLO - 5
GRAFICI DI CONVERSIONE EU/USA   19

CAPITOLO - 6
COLAZIONE   21
    UOVA STRAPAZZATE   22
    BISCOTTI AVENA E MIRTILLI   22
    BACON EXTRA CROCCANTE   23
    TOAST ALLA FRANCESE   23
    EMPANADAS DI SALSICCE   24
    BISCOTTI DI HALLOWEEN   24
    FRENCH TOAST   25

CAPITOLO - 7
FAST FOOD 27

HOT DOG 28
PATATINE FRITTE 28
HAMBURGER XXL 29
QUESADILLAS DI POLLO 29
RAVIOLI FRITTI 30
POLLO STILE "KFC" 30

CAPITOLO - 8
POLLO 31

ALETTE DI POLLO AL BARBECUE 32
ALETTE DI POLLO PICCANTI 32
POLLO COCCO E CURCUMA 33
PETTO DI POLLO FRITTO 33
CHICKEN NUGGETS 34
POLLO ARROSTITO 34

CAPITOLO - 8
MANZO 35

BISTECCA DI CAMPAGNA 36
COSTATA DI MANZO 36
HAMBURGER RIPIENI CON ERBETTE E FORMAGGIO 37
POLPETTE FRITTE AL SUGO DI POMODORO 37
BEEF WELLINGTON (ROTOLO DI MANZO ALL' INGLESE) 38
BISTECCA AL BURRO AROMATIZZATO 39
HAMBURGER DI MANZO 39

CAPITOLO - 8
MAIALE 41

FILETTO DI MAIALE 42
BRACIOLE DI MAIALE IMPANATE CROCCANTI 42
COSTOLETTE DI MAIALE AFFUMICATE AL BALSAMICO 43
COSTOLETTE AFFUMICATE DA BARBECUE 44
POLPETTE DI SALSICCIA AL ROSMARINO 44

CAPITOLO - 9
PESCE 45

SCAMPI CON PATATINE FRITTE 46

FISH AND CHIPS 47

PESCE SPADA ALLA MEDITERRANEA 48

TORTINI DI PESCE CON SALSA DI MANGO 48

SALMONE CON INSALATA DI FINOCCHI 49

TORTINI DI SALMONE 50

TORTINI DI TONNO 50

CAPITOLO - 12
VERDURE

    51

PATATINE DI ZUCCA FRITTE 52

PATATINE DI ZUCCHINE 52

BROCCOLI E CAVOLFIORI ARROSTO 53

ASPARAGI FRITTI ALL'ARIA 53

ANELLI DI CIPOLLA 54

PEPERONI RIPIENI 54

JALAPENO POPPERS 55

CAPITOLO - 13
DOLCI

    57

CHURROS CON SALSA AL CIOCCOLATO 58

TORTA DI BANANA 59

TORTA AL CIOCCOLATO 59

CIAMBELLE ZUCCHERATE 60

TORTA DI MELE 61

CONCLUSIONE

    63

CAPITOLO - 1

LINEE GUIDA

La Friggitrice ad Aria è una innovazione d'indubbia modernità, tra i vari elettrodomestici presenti nelle nostre cucine. Sono già in parecchi ad essersi abituati alla friggitrice ad aria al punto di porla tra i loro strumenti da cucina preferiti, pur essendoci una grossa fetta di popolazione ancora all'oscuro di questa nuova tecnologia.

Mettiamola così: quando si cucina con la friggitrice ad aria, non si frigge nulla. Specificamente, questi dispositivi sono veri e propri fornetti a convezione, che cuociono il cibo con il calore elettrico, messo in circolazione da delle ventole ad alta potenza. È l'aria spostata dalle ventole a mantenere asciutta la superficie del cibo da cuocere, portando ad una croccantissima crosticina e ad un interno morbido. Si tratta senza dubbio di risultati che ricordano le fritture.

In ogni caso, le friggitrici ad aria non servono solo a preparare dei fritti perfetti in modo leggermente più sano. Qualsiasi pietanza che siamo soliti abbrustolire in forno può essere cotta normalmente anche in una friggitrice ad aria. Tecnicamente è possibile utilizzare la friggitrice ad aria proprio come un forno elettrico - alcuni modelli hanno persino le teglie in dotazione - ma adattare le ricette da forno è più arduo che convertire gli arrosti o i fritti per la friggitrice elettrica, quindi vacci piano le prime volte.

IMPORTANTE: quando si frigge ad aria, assicurati di utilizzare solo padelle e griglie appositamente realizzate per il tuo modello di friggitrice ad aria. Queste padelle sono progettate per adattarsi perfettamente alla friggitrice ad aria, e consentire all'aria calda di circolare in modo efficace. Montare dei pezzi sbagliati potrebbe causare cotture decisamente sotto tono, o peggio, danni alla friggitrice stessa.

1.1. IL FUNZIONAMENTO DI BASE

Se anche tu fai parte della schiera delle persone ancora disinformate sulla friggitrice ad aria, qui ti offriremo alcune semplici ma utili informazioni sul meccanismo alla base della friggitrice ad aria.

Perché la Friggitrice ad Aria è così efficace?

È importante capire come funziona una friggitrice ad aria in ogni suo singolo componente. Ad esempio, la maggior parte degli utensili da cucina ha come base progettuale la tecnica di conduzione per produrre gli alimenti cotti; al contrario, la friggitrice ad aria è sviluppata per utilizzare la convezione - o flusso d'aria - per il suo procedimento di cottura.
Una friggitrice ad aria cuocerà ogni genere di cibo in modo rapido ed efficiente, con una piccola quantità di olio, grazie alla tecnologia "Rapid Air".

1.2. LA TECNOLOGIA "RAPID AIR"

Beh, non è certo una sorpresa; Rapid Air non è una tecnologia del materiale. Si tratta di una procedura tecnologica. Cerchiamo di spiegarne il funzionamento il più rapidamente possibile.
La friggitrice ad aria funziona aspirando l'aria dall'ambiente circostante, con l'apparecchio che si surriscalda fino a circa 390 gradi Fahrenheit (quasi 200 gradi Celsius) finché non avrà aspirato abbastanza aria. Quest'ultima, riscaldata, passerà in una camera di riscaldamento segmentata, utile a facilitare la cottura vera e propria.
Conosciuta semplicemente come "Rapid Air Technology", questa tecnica rende non necessario l'utilizzo di una quantità significativa di olio nelle cotture alla griglia, alla piastra, in forno o nelle fritture. Questo implica anche una cottura che può avere inizio in un periodo di tempo molto più breve.

1.3. LA STRUTTURA DELLA FRIGGITRICE AD ARIA

Chiunque si stia apprestando ad utilizzare la friggitrice ad aria per la prima volta troverà sicuramente interessante la spiegazione dei suoi singoli componenti.

Una friggitrice ad aria è composta da:

1. Camera di cottura

È in questa che si svolge praticamente tutto, compresa la preparazione del pasto. Sebbene il principio di funzionamento rimanga lo stesso, a seconda che il tuo modello sia costituito da un vassoio unico o da più strati, il livello di utilizzabilità di una camera di cottura potrebbe variare.

2. Resistenza

In questa parte viene calcolata la quantità di calore necessaria da miscelare all'aria in movimento. Una delle virtù più apprezzate dell'elemento riscaldante di una friggitrice ad aria è che si spegne automaticamente fino a quando non viene rilevata la temperatura giusta per la cottura: questa funzione consente di risparmiare energia e ridurre il calore eccessivo non necessario.

3. Ventilatore e grill

Questa coppia lavora insieme per garantire che l'aria surriscaldata sia distribuita uniformemente su tutta la superficie del cibo. Il modo in cui è costruito il grill può influire sull'entità e la diffusione del flusso d'aria.

Si tratta di un componente molto importante per la cottura.

4. Impianto di scarico

Questo meccanismo è progettato per aiutare a mantenere una pressione di equilibrio interno e bloccare l'accumulo di aria tossica. Esistono alcuni modelli dotati di un filtro che elimina la polvere e gli eventuali contaminanti residui per ripulire l'aria esausta. Non ci sarà alcuna emissione di odori indesiderati quando questo componente è attivo.

5. Vassoio per alimenti mobile

I vassoi sono progettati specificatamente per trasferire il cibo da cuocere. Alcuni modelli hanno dei divisori interni alla teglia, per cuocere diversi cibi contemporaneamente. Si possono inoltre trovare modelli di qualsiasi marca con manico universale, molto utile per estrarre facilmente il vassoio dalla camera di cottura.

CAPITOLO - 2

COSA E COME FRIGGERE

Una delle preoccupazioni principali quando si passa da una friggitrice tradizionale a una ad aria è più o meno riassumibile nella seguente domanda: "Cosa si può/non si può friggere in una friggitrice ad aria?"

Ed è proprio per questo che ti offriamo una lista di suggerimenti per friggere i tipi più comuni e amati di carne, verdure e cibi congelati.

NOTA: Non dimenticare i tempi di cottura possono variare molto in base alla quantità di cibo presente nella friggitrice ad aria. Non aver paura di aprirla più volte per controllare se gli ingredienti sono cotti o meno - fare ciò non causerà un drastico abbassamento della temperatura, come invece avviene con la friggitrice classica all'apertura del coperchio.

ALIMENTI SURGELATI

Dopo una lunga e stressante giornata di lavoro, passare l'intera serata a cucinare non è certo piacevole per molti. Ed è qui che i cibi congelati vengono in nostro aiuto!
La tua friggitrice ad aria è pronta per riscaldare alla perfezione i cibi surgelati già pronti. Gli impanati, proprio come gli anelli di cipolla o i bastoncini di pollo, avranno proprio la soddisfacente croccantezza che ti aspetti!

CARNE

Per farla breve, puoi "friggere" qualsiasi tipo di carne nella tua friggitrice ad aria, e ottenere sempre risultati fantastici.
Ricorda: Con le carni più che con altri tipi di alimenti, il tempo di cottura dipende molto dallo spessore e, naturalmente, da quanto ti piacciono cotte. Per questo motivo, assicurati di utilizzare

un buon termometro per controllare di tanto in tanto la temperatura nella parte più spessa.

VERDURE

Uno dei migliori vantaggi dell'avere una friggitrice ad aria è il poter rendere davvero piacevole il consumo delle verdure. E questo vale non solo per te, ma per tutta la tua famiglia, bambini compresi!
Cuocere una qualsiasi verdura in una friggitrice ad aria garantirà una consistenza simile a quella della tostatura, ma più croccante all'esterno.

NOTA: Per un risultato molto migliore, dopo aver preparato le tue verdure preferite, cospargile con un po' di olio prima di friggerle.

PESCE E FRUTTI DI MARE

Per ottenere del pesce croccante, assicurati di non sovraccaricare il cestello della friggitrice. È necessario uno spazio sufficiente per il flusso d'aria per friggere gli alimenti nel modo giusto.
Se non c'è abbastanza spazio per far circolare l'aria tra ogni pezzo, il risultato sembrerà più il prodotto di una cottura al vapore invece che un fritto.

INGREDIENTI E TEMPI DI COTTURA INDICATIVI

	Quantità min.-max. (g)	Temp. (°C)	Tempo* (min.)	Scuotere	Informazioni aggiuntive
Patate e patatine fritte					
Patatine surgelate sottili	300-500	200	12-16	Scuotere	
Patatine surgelate spesse	300-500	200	12-20	Scuotere	
Patatine fatte in casa (8 x 8 mm)	300-500	180	18-25	Scuotere	aggiungere 1/2 cucchiaio di olio
Patate a fette con la buccia fatte in casa	300-500	180	18-20	Scuotere	aggiungere 1/2 cucchiaio di olio
Patate a cubetti fatte in casa	300-550	180	12-15	Scuotere	aggiungere 1/2 cucchiaio di olio
Rosti	250	180	15	Scuotere	
Gratin di patate	500	180	18-22	Scuotere	
Carne					
Bistecca	100-500	180	8-10		
Braciole di maiale	100-500	180	10-12		
Hamburger	100-500	180	7-12		
Involtino di pasta sfoglia con salsiccia	100-500	200	13-15		
Cosce di pollo	100-500	180	18-20		
Petto di pollo	100-500	180	10-12		
Snack					
Involtini primavera	100-400	200	8-10	Scuotere	Usare la versione per la cottura al forno
Nugget di pollo surgelate	100-500	200	6-9	Scuotere	Usate la versione per la cottura al forno
Bastoncini di pesce surgelati	100-400	200	6-9		Usare la versione per la cottura al forno
Snack di formaggio impanati surgelati	100-400	180	8-10		Usare la versione per la cottura al forno
Verdura ripiena	100-400	160	10		
Cottura					
Torte	300	160	25		Usate una teglia da forno
Quiche	400	180	20		Usate una teglia o un piatto da forno

CAPITOLO - 3

7 CONSIGLI PER UNA FRITTURA DA URLO

1) USA L'OLIO, MA CON PARSIMONIA

A parte gli alimenti naturalmente più ricchi di grassi e per cui non occorre aggiungere altro olio, dovresti condire ogni cibo con 1 o 2 cucchiai di olio di buona qualità, come l'olio extravergine di oliva.

Per i cibi pastellati o infarinati, consiglio un po' di olio da cucina da mettere sul cestello, per poi spruzzare leggermente il cibo solo fino a rivestire la superficie. Questo è essenziale per rendere il cibo dorato e super croccante all'esterno.

2) ABBASSA LA TEMPERATURA DI COTTURA

Quando si converte una ricetta con temperatura consigliata per la frittura in friggitrice convenzionale, abbassare la temperatura della friggitrice ad aria di 3°C circa è essenziale per ottenere risultati il più simili possibile.
Questa azione si rende necessaria perché l'aria circolante rende il calore dell'ambiente di cottura più costante, e quindi più intenso rispetto a quello dei metodi tradizionali.

NOTA: La stessa regola va quando si vanno a preparare gli arrosti.

3) CONTROLLA PIÙ VOLTE LA COTTURA DEL CIBO

L'aria calda circolante aiuta a mantenere una temperatura più costante, quindi i cibi tenderanno a cuocere più velocemente in una friggitrice ad aria, rispetto alla frittura o cottura in forno convenzionale.
Se stai preparando per la prima volta in friggitrice ad aria una ricetta che hai già fatto coi vecchi metodi di cottura, ti consiglio di controllare la cottura del cibo dopo circa 2/3 del tempo di cottura

FRIGGITRICE AD ARIA

suggerito.

ESEMPIO: I tuoi amati bocconcini si preparano di solito in 12 minuti? Prova a controllarli già dopo 8 minuti, probabilmente saranno pronti.

4) NON RIEMPIRE COMPLETAMENTE IL CESTINO

Anche se alcuni tipi di alimenti si friggono bene riempiendo il cestello fino in cima (come patatine fritte o verdure), è sempre una scelta migliore lasciare un po' di spazio tra i pezzi.

Lasciare abbastanza spazio per far fluire l'aria calda all'interno del cestello è fondamentale per ottenere il massimo dalla tua friggitrice ad aria.

Come faccio io? Lascio vuoto almeno ¼ dello spazio. Questo renderà tutto molto più succoso all'interno, e soprattutto più solido e croccante all'esterno

5) NON LIMITARE LA TUA FRIGGITRICE AD ARIA: PUOI USARLA COME UN FORNO!

Torte, ciambelle, biscotti... tutti esempi di dessert perfetti, che puoi preparare benissimo in una friggitrice ad aria. Basta considerare quest'ultima come un potente forno a convezione.

SUGGERIMENTO: La ventola sarà probabilmente più forte di quelle a cui sei abituato. Ricordati di controllare spesso i tuoi prodotti da forno, in modo che non si dorino troppo velocemente.

6) NON DIMENTICARE DI PRERISCALDARE LA FRIGGITRICE AD ARIA

Ricordati di preriscaldare la friggitrice ad aria alla temperatura desiderata prima di riempire il cestello di cibo. Ci vorranno solitamente meno di 5 minuti, per garantirti un risultato dorato e croccante.

Per quanto riguarda la temperatura dipende dalle pietanze, ma in genere è compresa tra circa 190 e 200°F. Assicurati che la superficie di cottura sia ben calda quando aggiungi il cibo

7) NON DIMENTICARE LE VERDURE!

So che il pollo fritto e le patatine fritte sono divertenti da preparare e hanno un sapore fantastico, ma non dimenticare le verdure. Uno dei principali vantaggi di avere una friggitrice ad aria è il poter preparare ricette vegetariane fritte così gustose da far dimenticare di stare mangiando roba "brutta"!

Patate, peperoni, asparagi, broccoli, cavolfiori... Puoi cuocerli tutti (e molti altri) in pochi minuti, per goderti dei pasti vegetariani sani, sfiziosissimi, ipocalorici e con pochi grassi.

Tutta la tua famiglia li adorerà!

CAPITOLO - 4

PULIRE LA FRIGGITRICE IN 4 SEMPLICI PASSAGGI

Una friggitrice ad aria utilizza solo aria calda e pochissimo olio, quindi la sua pulizia è molto più semplice rispetto alla controparte classica.

Questo però non significa che non serve perder tempo a pulirla dopo ogni singolo utilizzo.

Durante il suo funzionamento, l'olio o il grasso nel cestello degli alimenti gocciola o schizza nel cestello. Non pulendo, nel tempo potrebbe crearsi un accumulo di grasso nel cassetto, e potresti iniziare a sentire odori o persino a vedere fumo durante la cottura dei cibi.
Per questo motivo, la pulizia della friggitrice ad aria è una questione molto importante.

Per far durare molto più a lungo la tua friggitrice ad aria ed avere la sicurezza di utilizzarla sempre al massimo delle sue potenzialità, **fai riferimento a questi 4 semplici passaggi:**

1. NON PROCRASTINARE: RIPULISCILA DOPO OGNI UTILIZZO (OGNI SINGOLA VOLTA)

La cosa migliore da fare è pulire la friggitrice quando è ancora un po' "calda"; questo farà sì che le incrostazioni all'interno si stacchino molto più facilmente.
La cosa peggiore da fare è usarla la sera e lasciarla a incrostare durante la notte. Niente di più sbagliato! Il giorno dopo ripulire la sporcizia sarà davvero un incubo. Quindi, dopo ogni utilizzo, assicurati di lasciare raffreddare un po' la friggitrice, poi svuota subito il cestello.

2.   UTILIZZA DELL'ACQUA CALDA PER PULIRE IL CESTELLO

Una spugna morbida, dell'acqua calda e un po' di sapone sono tutto quello che serve per rendere il cestello pulito e brillante come nuovo.

SUGGERIMENTO: Non utilizzare le spugne abrasive, in quanto finiresti col rischiare di danneggiare l'interno del cestello nel tempo

3.   NON DIMENTICARE DI PULIRE LA RESISTENZA

Dopo aver rimosso cestello e cassetto, controlla se c'è del grasso o eventuali residui attaccati alla resistenza, quindi ripuliscila con una spugna morbida imbevuta di acqua calda e sapone.
Una volta terminato, asciuga l'interno con un panno morbido.

4.   ASCIUGA L'ESTERNO

Dopo aver asciugato l'interno, rimonta il tutto. L'ultima cosa da fare è pulire l'esterno della friggitrice ad aria con un panno pulito.

Come puoi vedere, pulire una friggitrice ad aria è semplice e veloce. In tutto ci vogliono tra i 3 ed i 5 minuti al massimo una volta abituati, per assicurarci che il nostro elettrodomestico da cucina duri di più e funzioni molto meglio a lungo.

CAPITOLO - 5

GRAFICI DI CONVERSIONE EU/USA

Conversioni in cucina

Cucchiai

Quanti cucchiaini in un cucchiaio?

1 Tbsp	3 tsp
4 Tbsp	12 tsp
5 Tbsp	16 tsp
8 tbsp	24 tsp
11 tbsp	32 tsp
12 tbsp	36 tsp
16 tbsp	48 tsp

Liquidi

Quanti millilitri formano un gallone?

0.01 gal	37.85411784 mL
0.1 gal	378.5411784 mL
1 gal	3785.411784 mL
2 gal	7570.823568 mL
3 gal	11356.235352 mL
5 gal	18927.05892 mL
10 gal	37854.11784 mL
20 gal	75708.23568 mL
50 gal	189270.5892 mL
100 gal	378541.1784 mL
1000 gal	3785411.784 mL

Metric	Imperial	US cups
250ml	8 fl oz	1 cup
180ml	6 fl oz	3/4 cup
150ml	5 fl oz	2/3 cup
120ml	4 fl oz	1/2 cup
75ml	2 1/2 fl oz	1/3 cup
60ml	2 fl oz	1/4 cup
30ml	1 fl oz	1/8 cup
15ml	1/2 fl oz	1 tbsp

Tazze

Quanti cucchiaini in una tazza?

1 tablespoon	1/16 cup
2 tablespoons	1/8 cup
4 tablespoons	1/4 cup
5 tablespoons	1/3 cup
8 tablespoons	1/2 cup
10 tablespoons	2/3 cup
12 tablespoons	3/4 cup
16 tablespoons	1 cup

Quante once (oz) o millilitri (ml) formano una tazza?

2 tablespoons	1 fl. oz.	30 ml
1/4 cup	2 fl. oz.	60 ml
1/2 cup	4 fl. oz.	125 ml
1 cup	8 fl. oz.	250 ml
1 1/2 cups	12 fl. oz.	375 ml
2 cups	16 fl. oz.	500 ml
4 cups	32 fl. oz.	1000 ml
1 galloon	128 fl. oz.	4000 ml

Simboli

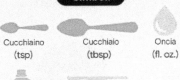

Cucchiaino (tsp)	Cucchiaio (tbsp)	Oncia (fl. oz.)
Gallone	1 tazza	1/4 di tazza

Peso

Osserva questa tabella per le conversioni di base da unità imperiali a metriche

1/2 oz	15g
1 oz	30g
2 oz	60g
3 oz	90g
4 oz	110g
5 oz	140g
6 oz	170g
7 oz	200g
8 oz	225g
9 oz	255g
10 oz	280g
11 oz	310g
12 oz	340g
13 oz	370g
14 oz	400g
15 oz	425g
1 lb	450g

Conversioni in Cucina

Conversioni di peso

METRICI	TAZZE	ONCE
15 g	1 tablespoon	1/2 ounce
30 g	1/8 cup	1 ounce
60 g	1/4 cup	2 ounces
115 g	1/2 cup	4 ounces
170 g	3/4 cup	6 ounces
225 g	1 cup	8 ounces
450 g	2 cups	16 ounces

Temperature forno

CELSIUS	FAHRENHEIT
95°C	200°F
130°C	250°F
150°C	300°F
160°C	325°F
175°C	350°F
190°C	375°F
200°C	400°F
230°C	450°F

Lunghezza

METRICA	IMPERIALE
3 mm	1/8 inch
6 mm	1/4 inch
2.5 cm	1 inch
3 cm	1 1/4 inch
5 cm	2 inches
10 cm	4 inches
15 cm	6 inches
20 cm	8 inches
22.5 cm	9 inches
25 cm	10 inches
28 cm	11 inches

Conversioni di volume

METRICI	TAZZE	ONCE
15 ml	1 tablespoon	1/2 fl. oz
30 ml	2 tablespoons	1 fl. oz
60 ml	1/4 cup	2 fl. oz
125 ml	1/2 cup	4 fl. oz
180 ml	3/4 cup	6 fl. oz
250 ml	1 cup	8 fl. oz
500 ml	2 cups	16 fl. oz
1000 ml	4 cups	1 quart

CAPITOLO - 6

COLAZIONE

UOVA STRAPAZZATE

4 uova grandi
Sale e pepe nero macinato
2 fette di pane integrale

PREP + COTTURA:
12'

PORZIONI:
2

NUTRITIONE – 1 PORZION:
Cal: 126 Kcal; Grassi: 9 g;
Carboidrati: 1g; Proteine: 9g;
Sodio: 275mg

1. Assicurati che il pane sia più duro del pane tostato, riscaldandolo a 200°C per 3 minuti.
2. In una tazza, rompi le uova e sbattile prima di applicare il condimento. Sposta il composto nella friggitrice ad aria, all'interno della teglia.
3. Cuocilo per 2 minuti a 180°C, poi per altri 4 minuti a 180°C.
4. Spalma le uova strapazzate sul pane tostato.
5. Buona colazione!

BISCOTTI AVENA E MIRTILLI

1 tazza di purea di banana matura
½ tazza di burro di arachidi
½ tazza di miele
1 cucchiaino di estratto di vaniglia
1 tazza di farina d'avena vecchio stile
½ tazza di farina integrale
¼ di tazza di latte scremato in polvere
2 cucchiaini di cannella in polvere
½ cucchiaino di sale
¼ di cucchiaino di bicarbonato di sodio
1 tazza di mirtilli rossi secchi

PREP + COTTURA:
10'

PORZIONI:
3

NUTRITIONE – 1 PORZION:
Cal: Cal: 212 Kcal; Grassi: 6g;
Carboidrati: 38g; Proteine: 5g;
Sodio: 186mg

1. Preriscalda la friggitrice ad aria a circa 200°C. Unisci l'ananas, il burro di arachidi, lo zucchero e la vaniglia fino a ottenere un composto omogeneo. Mescola la farina d'avena, il riso, la cannella, il sale, il latte in polvere e il bicarbonato di sodio in un'altra ciotola; applica gradualmente il composto di banane. Aggiungi i mirtilli rossi secchi.
2. Lascia cadere l'impasto in blocchetti in una tazza da 1/2 pollice. Rimuovi dal cestello della friggitrice e metti su una teglia unta; appiattiscili fino a ½ pollice di spessore.
3. Cuoci da 6 a 8 minuti fino a doratura leggera. Lascia raffreddare per 1 minuto nel cestello. Sposta i biscotti nel barattolo.
4. Servili a temperatura ambiente o più caldi. Per congelarli: Congela i biscotti avvolti nella carta da forno nei bicchieri da freezer, eliminando gli strati. Per utilizzarli scongelali prima di servire o, se necessario, riscaldali per circa 1 minuto in una friggitrice preriscaldata a 180°C fino a cottura completa.

BACON EXTRA CROCCANTE

4 fette di pancetta affumicata o bacon

PREP + COTTURA:
8'

PORZIONI:
4

NUTRITIONE – 1 PORZION:
Cal: Cal: 161 Kcal; Grassi: 12g;
Carboidrati: 0,6g; Proteine: 12g;
Sodio: 581mg

1. Assicurati che la friggitrice ad aria sia preriscaldata a 190°C.
2. Adagia con cura quattro fette di pancetta affumicata nel cestello della friggitrice ad aria.
3. Lascia cuocere su ciascun lato per 2-3 minuti.
4. Buon appetito!

TOAST ALLA FRANCESE

Burro
4 fette di pane
2 uova
½ cucchiaino di cannella

PREP + COTTURA:
10'

PORZIONI:
2

NUTRITIONE – 1 PORZION:
Cal: 170 Kcal; Grassi: 9g;
Carboidrati: 37g; Proteine: 6g;
Sodio: 183mg

1. Taglia il pane a bastoncini o strisce, aggiungendovi del burro su entrambi i lati.
2. Sbatti le uova con la cannella.
3. Spruzza un po' di olio da cucina nel cestello della friggitrice ad aria.
4. Immergi i bastoncini di pane nel composto di uova e cannella, quindi passali nel cestello della friggitrice.
5. Imposta la friggitrice ad aria a 180°C e cuoci per 3 minuti.
6. Gira i bastoncini dall'altro lato e cuoci per altri 2 minuti.
7. Buon appetito!

EMPANADAS DI SALSICCE

mini salsicce da 200gr
100 gr. pasta sfoglia già preparata (refrigerata o congelata, da scongelare)
1 cucchiaio di senape in polvere

PREP + COTTURA:
10-11'

PORZIONI:
20

NUTRITIONE – 1 PORZION:
Cal: 210 Kcal; Grassi: 13g;
Carboidrati: 17,5g; Proteine: 6g;
Sodio: 185mg

1. Preriscalda la friggitrice elettrica a 200°C. Asciuga completamente le salsicce e tamponale delicatamente su un foglio di carta assorbente.
2. Dividi la pasta sfoglia in listarelle di 5 x 1½ cm, quindi spargi su di esse un sottile strato di senape in polvere. Avvolgi una striscia di pasta a spirale attorno ad ogni salsiccia.
3. Metti metà delle salsicce ricoperte di pastella nel cestello, quindi passa quest'ultimo nella friggitrice.
4. Imposta il timer a 10-11 minuti. Cuoci le tue empanadas di salsiccia fino a doratura. Puoi cuocere ugualmente anche le mini salsicce rimaste. Servi le salsicce su piatto, accompagnate da una coppetta con la senape.

BISCOTTI DI HALLOWEEN

230 gr. di burro a temperatura ambiente
200 gr. di zucchero semolato
2 uova
3 cucchiaini di vaniglia
260 gr. di farina
2 cucchiaini di lievito in polvere
½ cucchiaino di sale

PREP + COTTURA:
20'

PORZIONI:
4

NUTRITIONE – 1 PORZION:
Cal: 268 Kcal; Grassi: 15g;
Carboidrati: 34g; Proteine: 3g;
Sodio: 117mg

1. Preriscalda la friggitrice ad aria a 175°C.
2. Sbatti insieme burro e zucchero con un'impastatrice. Fallo per circa due minuti o finché non ottieni una consistenza morbida, simile al cioccolato. Disincrosta con la spatola i lati della ciotola.
3. Applica la vaniglia e le uova, quindi mescola fino a ottenere un composto omogeneo.
4. Unisci farina, lievito e sale. Mescola fino a quando tutto non sarà totalmente omogeneo. L'impasto dovrà sporcarti le mani.
5. È il momento di fare i biscotti, aiutandoti con una tazza per dargli la forma. Rimuovi la pasta per biscotti e mettila su una parte granulosa della tazza. Arrotola la parte spruzzata dell'impasto fino a riempire 1 tazza di granuli neri e arancioni. Rimodella l'impasto in una pallina, prima di metterlo su una teglia rivestita di carta forno.
6. Durante la cottura i biscotti potrebbero ingrandirsi molto.
7. Inforna per 10 minuti a 175°C.

FRENCH TOAST

4 fette di pane integrale
2 uova grandi, sbattute a frusta
1 cucchiaino di estratto di vaniglia
55 gr. di zucchero di canna
60 gr. di latte a ridotto contenuto di grassi
½ cucchiaino di cannella in polvere
100 gr. di farina di semi di lino
Spray da cucina
80 gr. di fragole fresche affettate
8 cucchiaini di sciroppo d'acero puro, diviso
1 cucchiaino di zucchero a velo

PREP + COTTURA:
60'

PORZIONI:
4

NUTRITIONE – 1 PORZION:
Cal: 187 Kcal; Grassi: 11g;
Carboidrati: 39g; Proteine: 7g;
Sodio: 211mg

1. Da ciascuna fetta di pane, ricava quattro lunghi bastoncini.
2. In una ciotola poco profonda, mescola le uova sbattute, un cucchiaio di zucchero di canna, la vaniglia, il latte e la cannella.
3. Prendi un altro piatto poco profondo, quindi mescola al suo interno tre cucchiai di zucchero di canna e la farina di semi di lino.
4. Immergi i tocchetti di pane nell'impasto delle uova fino a bagnarli leggermente, facendo sgocciolare il composto in eccesso.
5. Quindi spalma la parte inzuppata nel composto dei semi di lino, assicurandoti che il rivestimento sia uniforme.
6. Per rivestire anche i tocchetti di pane aggiungi un po' di olio da cucina.
7. Trasferisci i pezzi di pane rivestiti nel cestello della friggitrice ad aria, disporli in un unico strato e dagli il giusto spazio.
8. Lascia cuocere a 190°C per 10 minuti o fino a quando non avrai un prodotto croccante e dorato. Gira i bastoncini a metà cottura.
9. Metti quattro bastoncini su ciascun piatto, conditi con ½ tazza di fragole, due cucchiaini di sciroppo d'acero e una spolverata di zucchero a velo.
10. Servi subito.

CAPITOLO - 7

FAST FOOD

HOT DOG

2 wurstel di puro suino
2 panini per hot dog
2 cucchiai di formaggio grattugiato, facoltativo

PREP + COTTURA:
12'

PORZIONI:
2

NUTRITIONE – 1 PORZION:
Cal: 289 Kcal; Grassi: 13g;
Carboidrati: 29g; Proteine: 12g;
Sodio: 613mg

1. Assicurarsi che la friggitrice ad aria sia preriscaldata per circa 4 minuti a 195°C.
2. Nella friggitrice ad aria, cuoci i due wurstel per circa 5 minuti, quindi tagliali.
3. Metti il wurstel nel panino da hot dog, quindi aggiungi il formaggio.
4. Rimetti l'hot dog completato nella friggitrice, quindi lascialo cuocere a vapore per altri 2 minuti.

PATATINE FRITTE

4 patate
2 cucchiai di olio d'oliva
Sale q.b.
Pepe q.b.

PREP + COTTURA:
35'

PORZIONI:
6

NUTRITIONE – 1 PORZION:
Cal: 205 Kcal; Grassi: 8g;
Carboidrati: 30g; Proteine: 5g;
Sodio: 263mg

1. Affetta le patate a bastoncini tipici. Non preoccuparti troppo delle dimensioni: possono essere alcune più grandi e altre più piccole.
2. Metti i bastoncini in acqua fredda. (Completamente sommersi)
3. Preriscalda la friggitrice ad aria a 190°C.
4. Condisci con un paio di cucchiai di olio d'oliva, sale e pepe a piacere.
5. Poggia le patatine sul fondo del cestello della friggitrice ad aria, assicurandoti che non siano una sopra l'altra.
P.S.: Dovrai mantenere al caldo in forno le prime patatine fritte che hai cotto (va bene a temperatura minima), mentre sono a cuocere le altre.
6. Friggi finché non saranno croccanti e ben dorate. Ci vorranno approssimativamente 12 minuti.
7. Servile calde e buon appetito.

HAMBURGER XXL

2 hamburger (manzo)
2 panini per hamburger
Maionese q.b.
Ketchup q.b.
Lattuga Lollo Rosso
1 pomodoro, a fette
1 cipolla rossa, tritata
2 fette di formaggio cheddar
Crescione del giardino

PREP + COTTURA:
15'

PORZIONI:
1

NUTRITIONE – 1 PORZION:
Cal: 574 Kcal; Grassi: 35 g;
Carboidrati: 35g; Proteine: 28g;
Sodio: 632mg

1. Assicurati che la tua friggitrice ad aria sia preriscaldata prima di cuocere la carne. Metti gli hamburger nella friggitrice ad aria, lasciali cuocere a 200°C per cinque minuti. Taglia i panini al centro per ottenere le due metà inferiori e una metà superiore necessarie.
2. Aggiungi un po' di maionese su una metà inferiore e un po' di ketchup sull'altra.
3. Unisci la lattuga, i pomodori a fette e le cipolle tritate, quindi aggiungi il composto sul fondo. Apri la friggitrice e aggiungi il formaggio cheddar agli hamburger. Lascia cuocere per 2 minuti a 200°C.
4. Dopo aver assemblato l'hamburger, infilzalo con uno stuzzicadenti.

QUESADILLAS DI POLLO

Spray da cucina
Gusci di taco morbidi
Formaggio messicano, grattugiato
Strisce di fajitas di pollo
40 gr. di cipolle, affettate
80 gr. di peperoni verdi, affettati
Panna acida, facoltativa
Salsa, facoltativa

PREP + COTTURA:
40'

PORZIONI:
4

NUTRITIONE – 1 PORZION:
Cal: 106 Kcal; Grassi: 6 g;
Carboidrati: 7g; Proteine: 7g;
Sodio: 87mg

1. Assicurati che la tua friggitrice ad aria si sia preriscaldata a 190°C per 3 minuti, quindi spruzza la padella con un po' d'olio vegetale.
2. Prendi una padella e mettici dentro un guscio di taco morbido, quindi aggiungi il formaggio grattugiato.
3. Disponi le strisce di pollo in modo da formare un unico strato, quindi aggiungi le cipolle ed i peperoni verdi.
4. Aggiungi ulteriore formaggio grattugiato.
5. Ora metti un altro guscio di taco morbido sopra, poi spruzzalo con un po' d'olio. Per tenere il guscio in posizione, poggiagli sopra la griglia in dotazione con la friggitrice ad aria.
6. Imposta il timer della friggitrice ad aria per 4 minuti, quindi gira la quesadilla dall'altro lato con una grossa spatola.
7. Spruzza nuovamente con l'olio, quindi riposiziona la griglia sulla parte superiore del guscio per tenerlo in posizione.
8. Imposta il timer su quattro minuti.
9. Se desideri una maggiore croccantezza, lascia riposare un paio di minuti in più nella friggitrice ad aria.
10. Rimuovi le quesadillas una volta soddisfatto della croccantezza.
11. Taglia in quattro o sei fette.
12. Servi insieme a panna acida e Salsa (non obbligatoria).

RAVIOLI FRITTI

1 pacco (500 gr.) di ravioli al formaggio o di carne, acquistabili in negozio
1 tazza di latticello
2 tazze di pangrattato all'italiana
1 cucchiaino di olio d'oliva
1 vasetto di salsa marinara
30 gr. di parmigiano, grattugiato

PREP + COTTURA:
12'

PORZIONI:
6

NUTRITIONE – 1 PORZION:Cal:
161 Kcal; Fat: 12g; Carbs: 0.6g; Pro:
12g; Sodium: 581mg

1. Immergi i ravioli nel latticello.
2. Unisci il pangrattato e l'olio d'oliva, quindi spingi i ravioli nel pangrattato.
3. Sposta i ravioli impanati in una friggitrice ad aria preriscaldata o nella carta da forno.
4. Lascia cuocere per 5 minuti a 200°C.
5. Servire fumante insieme alla salsa marinara in cui inzuppare, e al formaggio da guarnizione.
6. 9. Accompagna con delle focaccine, del pane, un'insalata o tutto questo insieme.

POLLO STILE "KFC"

1 pollo intero
30 gr. di miscela di spezie "KFC" (o qualsiasi altra di tua preferenza)
300 gr. di briciole di pane
65 gr. di farina
3 uova piccole sbattute

PREP + COTTURA:
30'

PORZIONI:
4

NUTRITIONE – 1 PORZION:
Cal: 354 Kcal; Grassi: 13g;
Carboidrati: 24g; Proteine: 33g;
Sodio: 554mg

1. Dopo aver tagliato il pollo in pezzi delle dimensioni che preferisci, metti il tutto da parte.
2. Puoi separare ali, cosce, fusi e petti, o lasciare unite queste ultime parti.
3. Prendi una ciotola pulita, quindi prepara la miscela di spezie e pangrattato.
4. Prendi un'altra ciotola pulita e mettici la farina.
5. In una terza ciotola pulita, metti le uova sbattute.
6. Dopo aver infarinato i pezzi di pollo, passali nell'uovo e infine nel pangrattato speziato.
7. Imposta la friggitrice ad aria a 175°C e cuoci il pollo impanato per 18 minuti. Non tirarlo fuori finché non sarà ben cotto all'interno, sappiamo che il pollo può far male se non cotto a sufficienza. Buon appetito!

CAPITOLO - 8

POLLO

ALETTE DI POLLO AL BARBECUE

2 cucchiai di miele
Sale e pepe nero macinato a piacere
Condimento per pollo al barbecue
1 cucchiaio di olio d'oliva
450 gr. di ali di pollo

PREP + COTTURA:
25'

PORZIONI:
2

NUTRITIONE – 1 PORZION:
Cal: 372 Kcal; Grassi: 17g;
Carboidrati: 15g; Proteine: 19g;
Sodio: 730mg

1. Prendi una ciotola pulita. Al suo interno mischia insieme il miele, il sale, il pepe, il condimento per il pollo gusto barbecue e l'olio d'oliva.
2. Spennella generosamente le ali di pollo col composto speziato.
3. Assicurati che la tua friggitrice ad aria sia preriscaldata a 210°C.
4. Trasferisci le ali di pollo nella friggitrice ad aria senza sovrapporle. Cerca sempre di fare uno strato unico.
5. Lascia il tutto nella friggitrice ad aria per 18 minuti, girando le ali dopo 9 minuti.
6. Rimuovi la teglia quando entrambi i lati sono ben cotti.
7. Buon appetito!

ALETTE DI POLLO PICCANTI

700 gr. di alette di pollo
Spray da cucina all'olio d'oliva
1 cucchiaio di salsa di soia a basso contenuto di sodio
½ cucchiaino di amido di mais
10 gr. di aglio tritato finemente
½ cucchiaino di zenzero fresco tritato finemente
1 cucchiaino di Sambal Oelek (o qualsiasi altra pasta piccante)
1/8 cucchiaino di sale
1 cucchiaino di succo di lime fresco
2 cucchiaini di miele
25 gr. di scalogno tritato

PREP + COTTURA:
30'

PORZIONI:
4

NUTRITIONE – 1 PORZION:
Cal: 168 Kcal; Grassi: 13g;
Carboidrati: 15g; Proteine: 11g;
Sodio: 508mg

1. Con della carta assorbente, asciuga le alette di pollo sciacquate in precedenza, quindi spennellale con l'olio d'oliva.
2. Assicurati che la friggitrice ad aria sia preriscaldata a 210°C.
3. Trasferisci le alette di pollo, non accatastandole, nella friggitrice ad aria.
4. Lascia cuocere nella friggitrice ad aria per 22 minuti, dando due o tre agitate.
5. Le alette saranno pronte non appena croccanti.
6. Prendi una casseruola pulita, quindi mescola la salsa di soia e la maizena con le alette ancora nella tua friggitrice ad aria.
7. Unisci l'aglio, lo zenzero, la salsa piccante, il sale, il succo di lime e il miele.
8. Mescola bene il composto e mettilo sulla fiamma medio-alta.
9. Cuoci fino a quando il composto non si sarà addensato e inizieranno a formarsi delle bolle.
10. Rimuovi le alette dalla friggitrice ad aria, per poi metterle in una ciotola capiente.
11. Versa quindi il composto della salsa sulle alette e mescola con dolcezza.
12. Prima di consumarle, aggiungi scalogno tritato o altra guarnizione adatta.

POLLO COCCO E CURCUMA

3 pezzi di coscia di pollo intera (puoi scegliere tu se con o senza pelle)
4-5 cucchiaini di curcuma tritata
½ cucchiaio di sale
60 gr. di galanga
60 gr. di pasta di cocco pura (o latte di cocco)
60 gr. di zenzero vecchio

PREP + COTTURA:
4 h 40'

PORZIONI:
2

NUTRITIONE – 1 PORZION:
Cal: 378 Kcal; Grassi: 15,4 g;
Carboidrati: 35g; Proteine: 29g;
Sodio: 1203mg

1. Non pestare o tagliare la carne di pollo; dovrà comunque marinare assieme agli altri ingredienti.
2. Incidi alcune fessure sulla coscia del pollo, ponendo enfasi sulle parti più dense. I tagli serviranno durante la marinatura, in quanto possono migliorare l'assorbimento delle spezie nella carne.
3. Aggiungi gli ingredienti mescolati al pollo e lascialo marinare per non meno di quattro ore, o preferibilmente, tutta la notte. Il pollo marinato andrà avvolto nella pellicola dopo la marinatura e conservato in frigorifero.
4. Imposta la friggitrice ad aria a 190°C e mettici dentro il pollo a preriscaldarsi, quindi friggi ad aria il pollo per circa 20-25 minuti, girandolo dall'altra parte a metà tempo.
5. Potrai sederti a tavola non appena il tuo pollo sarà ben dorato.

PETTO DI POLLO FRITTO

2 petti di pollo
2 cucchiaino di olio d'oliva
Sale e pepe nero macinato q.b.

PREP + COTTURA:
13'

PORZIONI:
2v

NUTRITIONE – 1 PORZION:
Cal: 163 Kcal; Grassi: 7g;
Carboidrati: 1g; Proteine: 24g;
Sodio: 423mg

1. Cambia il cestello della friggitrice ad aria nella tua friggitrice ad aria con la bistecchiera.
2. Disponi i petti di pollo nella bistecchiera.
3. Condisci ciascun petto con un cucchiaino di olio d'oliva, sale e pepe quanto bastano.
4. Imposta la tua friggitrice ad aria a 175°C e fai cuocere i petti di pollo per 12 minuti.
5. Una volta cotto, affetta il pollo a tuo piacimento con il coltello da carni preferibilmente.
6. Buon appetito!

CHICKEN NUGGETS

Sale e pepe nero macinato q.b.
1 cucchiaino di paprika
1 cucchiaio di olio d'oliva
280 gr. di petto di pollo tagliato a cubetti
5 gr. di aglio in purea
1 cucchiaino di prezzemolo
1 cucchiaino di ketchup
2 uova medie, sbattute
2 fette di pane integrale, sbriciolate

PREP + COTTURA:
35'

PORZIONI:
4

NUTRITIONE – 1 PORZION:
Cal: 352 Kcal; Grassi: 16g;
Carboidrati: 28g; Proteine: 27g;
Sodio: 702mg

1. Prepara una miscela di pepe, sale e paprika in una ciotola pulita.
2. Al composto aggiungi l'olio d'oliva per creare una fluida pastella.
3. In un robot da cucina frulla il pollo, aggiungendo aglio, prezzemolo, ketchup e un uovo sbattuto.
4. Sbatti il secondo uovo in una ciotola pulita (da utilizzare per il rivestimento nella pastella).
5. Trasforma il composto in nuggets di pollo, quindi inzuppa queste ultime rispettivamente nell'uovo e nel pangrattato.
6. Lascia cuocere per 10 minuti a 200°C.
7. Buon appetito!

POLLO ARROSTITO

1 pollo intero (1 kg)
Salamoia:
2 cucchiaini di timo
1 cucchiaio di paprika
Sale e pepe nero macinato q.b.
1 dado di brodo di pollo
Spezie in polvere:
1 cucchiaino di sale di sedano
1 cucchiaio di paprika
1 cucchiaio di olio d'oliva
Sale e pepe nero macinato q.b.

PREP + COTTURA:
55'

PORZIONI:
4

NUTRITIONE – 1 PORZION:
Cal: 475 Kcal; Grassi: 36g;
Carboidrati: 1g; Proteine: 35g;
Sodio: 1870mg

1. Versa tutti gli ingredienti della salamoia in un sacchetto da freezer. Mettici dentro il pollo intero, quindi coprilo con acqua fredda fino ad immergerlo. Chiudi il sacchetto e mettilo in frigorifero per una notte.
2. Il giorno successivo, al momento di cucinare, togli il pollo dal sacchetto e rimuovine le frattaglie. Conserva inoltre il brodo della salamoia, quindi asciuga il pollo intero tamponandolo con un canovaccio da cucina.
3. Prendi una ciotola pulita e mettici dentro le tue spezie per il pollo.
4. Metti il pollo intero nel cestello/ padella della friggitrice con il petto rivolto verso il basso. Strofina ogni parte visibile della pelle del pollo con ½ del trito di erbe e ½ dell'olio d'oliva.
5. Imposta la tua friggitrice ad aria a 190°C, e cuoci il pollo per 25 minuti.
6. Al termine dei primi 20 minuti di cottura, gira il pollo con le pinze da cucina e aggiungi l'olio e le spezie rimanenti, quindi rimetti in friggitrice senza cambiare la temperatura per altri 25 minuti.
7. Servi il tuo pollo ben caldo.

CAPITOLO - 8

MANZO

BISTECCA DI CAMPAGNA

1 cucchiaino di aglio in polvere
1 cucchiaino di cipolla in polvere
1 cucchiaino di sale
1 cucchiaino di pepe nero macinato
1 tazza di pangrattato
170 gr. di controfiletto reso sottile
3 uova sbattute
Sugo di Salsiccia (facoltativo):
170 gr. di pasta di salsiccia
20 gr. di farina
300 ml. di latte
1 cucchiaino di pepe nero macinato

PREP + COTTURA:
40'

PORZIONI:
1

NUTRITIONE – 1 PORZION:
Cal: 287 Kcal; Grassi: 9g;
Carboidrati: 23g; Proteine: 28g;
Sodio: 398mg

1. Condisci il pangrattato utilizzando le spezie.
2. Immergi la bistecca rispettivamente nel riso, nell'uovo e nel pangrattato condito.
3. Trasferisci la bistecca impanata nel cestello della friggitrice e chiudilo. Imposta la temperatura a 190°C e fai cuocere per 12 minuti.
4. Dopo i 12 minuti, rimuovi la bistecca e servila con sugo di salsiccia o purè di patate.

COSTATA DI MANZO

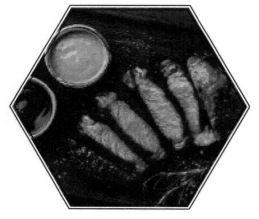

Bistecca di manzo da 1 kg
1 cucchiaio di insaporitore per bistecca
1 cucchiaio di olio d'oliva

PREP + COTTURA:
20'

PORZIONI:
3-4

NUTRITIONE – 1 PORZION:
Cal: 326 Kcal; Grassi: 24 g;
Carboidrati: 3g; Proteine: 23g;
Sodio: 1720mg

1. Assicurati che la tua friggitrice ad aria sia preriscaldata a 210°C, quindi regola il tempo di cottura su 14 minuti e la modalità su patatine fritte.
2. Dopo aver condito la bistecca su entrambi i lati, applicaci anche dell'olio d'oliva.
3. Trasferisci la bistecca nel cestello della friggitrice ad aria.
4. Lascia cuocere su un lato per i primi 7 minuti, quindi togli la bistecca e capovolgila sull'altro.
5. Dopo 14 minuti totali, tira fuori la bistecca e lasciala riposare per 10 minuti.
6. Affetta e servi.

HAMBURGER RIPIENI CON ERBETTE E FORMAGGIO

PREP + COTTURA:
45'

PORZIONI:
4

NUTRITIONE – 1 PORZION:
vtvCal: 369 Kcal; Grassi: 14g;
Carboidrati: 29g; Proteine: 29g;
Sodio: 460mg

2 cipollotti tagliati a fettine sottili
2 cucchiai di prezzemolo fresco
tritato
25 gr. di formaggio cheddar, a
cubetti
3 cucchiaini di senape di Digione,
divisi
2 cucchiai di ketchup
½ cucchiaino di sale
½ cucchiaino di rosmarino,
essiccato e tritato

¼ di cucchiaino di foglie di salvia
essiccate
3 cucchiai di pangrattato
500 gr. di carne macinata magra
(90% di tessuto magro)
4 panini per hamburger, divisi

Condimenti facoltativi:
*Foglie di lattuga e fette di
pomodoro*

1. Assicurati che la friggitrice ad aria sia preriscaldata a 190°C.
2. Prepara un composto con cipollotto, prezzemolo, formaggio cheddar e un cucchiaino di senape in una ciotola poco profonda.
3. Prepara una combinazione di ketchup, aceto, condimenti, pangrattato e carne di manzo in un'altra ciotola. Mescola dolcemente ma con cura.
4. Dividi il composto in 8 polpette sottili. Aggiungi un po' dell'impasto al formaggio al centro dei quattro blocchi con un cucchiaio. Ricopri con la carne rimasta, unendo i lati coi pollici per sigillare completamente gli hamburger.
5. Sposta gli hamburger nel cestello della friggitrice ad aria, disponendoli su un unico strato. Puoi cuocere in lotti se hai tanti hamburger da fare.
6. Ciascun lotto va cotto 10 minuti su un lato, alla fine dei quali dovrai girare gli hamburger e cuocerli ulteriormente per altri 8-10 minuti (fino a vedere il valore di 82°C sul termometro da cucina).

POLPETTE FRITTE AL SUGO DI POMODORO

PREP + COTTURA:
20'

PORZIONI:
2

NUTRITIONE – 1 PORZION:
Cal: 233 Kcal; Grassi: 13g;
Carboidrati: 12g; Proteine: 15g;
Sodio: 276mg

1 cipolla piccola
1 uovo, sbattuto
300 gr. carne macinata
1 cucchiaio di foglie di timo fresco, tritate
1 cucchiaio di prezzemolo fresco, tritato
3 cucchiai di pangrattato
180 gr. della tua salsa di pomodoro preferita
Sale e pepe nero macinato q.b.

1. Assicurati che la friggitrice ad aria sia preriscaldata a 200°C.
2. Trita la cipolla e passala in una terrina pulita, insieme agli altri ingredienti. Mescola bene il tutto, dividendo poi il composto in palline dal diametro regolare, dovrebbero uscirne da 10 a 12.
3. Separa le palline in due lotti, quindi cuoci ciascuno nel cestello della friggitrice ad aria.
4. Friggi ciascun lotto per un totale di 7 minuti.
5. Versa sulle polpette la salsa di pomodoro e rimetti la pirofila nel cestello della friggitrice ad aria. Trasferisci le polpette in una pirofila. Quindi imposta la temperatura a 160°C, cuocendo per altri 5 minuti.
6. Questo renderà il tutto più caldo prima di servire.

BEEF WELLINGTON (ROTOLO DI MANZO ALL' INGLESE)

*1 kg di filetto di manzo
Sale e pepe nero macinato q.b.
Pasta frolla fatta in casa
Paté di fegato di pollo fatto in casa
1 uovo medio, sbattuto*

PREP + COTTURA:
55'

PORZIONI:
4

NUTRITIONE – 1 PORZION:
Cal: 612 Kcal; Grassi: 34g;
Carboidrati: 40g; Proteine: 34g;
Sodio: 457mg

1. Ripulisci il filetto di manzo, elimina il grasso visibile e condisci con pepe e sale. Ricoprilo nella pellicola trasparente e conservalo in frigorifero per un'ora.
2. Fai la tua pasta frolla fatta in casa e il paté di fegatini di pollo.
3. Srotola o stendi la pasta frolla, quindi usa un pennello da pasticceria per ricoprire tutti i bordi con un uovo sbattuto. Così facendo la chiusura sarà perfetta grazie all'uovo appiccicoso.
4. Proprio sulla linea esterna coperta di uovo, applica uno strato sottile di paté fatto in casa fino a quando la pasta bianca non è più visibile.
5. Togli la pellicola dalla carne e metti quest'ultima al centro, con sopra il paté, e applica un po' di forza per spingerla verso il basso.
6. Richiudi l'involucro di pasta frolla intorno al paté e alla carne.
7. Assicurati di aver inciso la parte superiore della pasta frolla per assicurarti che la carne non rimanga del tutto priva di aria.
8. Trasferisci sulla bistecchiera della friggitrice ad aria.
9. Lascia cuocere per 35 minuti a 160°C.
10. Estrai il Wellington dopo 35 minuti e lascia riposare qualche altro minuto.
11. Affetta e servi insieme alle patate arrosto.

BISTECCA AL BURRO AROMATIZZATO

*2 spicchi d'aglio, tritati
32 gr. di burro
1 cucchiaino di erba cipollina tritata
2 cucchiaini di prezzemolo tritato
1 cucchiaino di rosmarino tritato
1 cucchiaino di timo, tritato
2 bistecche di rib eye (costate) (700 gr.)
Sale e pepe q.b.*

PREP + COTTURA:
30'

PORZIONI:
2

NUTRITIONE – 1 PORZION:
Cal: 506 Kcal; Grassi: 46g;
Carboidrati: 1g; Proteine: 26g;

1. Unisci l'aglio, il burro e le erbe in una ciotola.
2. Metti in frigo per 20 minuti.
3. Arrotola il composto al burro fino a formare un tronchetto.
4. Cospargi entrambi i lati delle bistecche con sale e pepe.
5. Imposta la friggitrice ad aria in modalità grill.
6. Cuoci le bistecche a 205°C per 15 minuti, girando una o due volte.
7. Affetta il burro alle erbe.
8. Ricopri le bistecche con il burro alle erbe

HAMBURGER DI MANZO

*500 gr. di carne macinata
1 cucchiaio di prezzemolo tritato
1 cipolla, tritata
Sale e pepe q.b.
200 gr. di salsa ai funghi*

PREP + COTTURA:
40'

PORZIONI:
2

NUTRITIONE – 1 PORZION:
Cal: 474 Kcal; Grassi: 25 g;
Carboidrati: 3g; Proteine: 32g;
Sodio: 504mg

1. Mescola la carne macinata, il prezzemolo, la cipolla, il sale e il pepe in una ciotola.
2. Vai a formare delle polpette da questo composto.
3. Imposta il grill sulla friggitrice ad aria.
4. Scegli la temperatura di 190°C.
5. Cuoci gli hamburger per 8-10 minuti per lato.
6. 6. Versa su di essi la salsina ai funghi e servili fumanti.

CAPITOLO - 8

MAIALE

FILETTO DI MAIALE

2 cucchiaini di erbe provenzali
1 peperone rosso o giallo, a listarelle sottili
1 cipolla rossa, a fettine sottili
Sale q.b.
Pepe nero appena macinato a piacere
1 cucchiaio di olio d'oliva
1 filetto di maiale (400 gr.)
½ cucchiaio di mostarda
Piatto rotondo per friggitrice ad aria da 15 cm

PREP + COTTURA:
30'

PORZIONI:
2

NUTRITIONE – 1 PORZION:
Cal: 159 Kcal; Grassi: 6g;
Carboidrati: 2g; Proteine: 23g;
Sodio: 308mg

1. Assicurati che la friggitrice ad aria sia preriscaldata a 200°C.
2. Prendi un piatto pulito e prepara una miscela di erbe provenzali, striscette di peperoni e cipolla. Aggiungi sale e pepe in quantità bastevole, quindi ½ cucchiaio di olio d'oliva.
3. Taglia il filetto di maiale in quattro tranci. Strofinali tutti a fondo con pepe, senape e sale. Rivesti finemente ogni trancio con dell'olio d'oliva e mettili tutti sul piatto, sul composto di peperoni.
4. Trasferisci la ciotola nel cestello della friggitrice ad aria. Fai arrostire la carne con le verdure per 15 minuti.
5. Gira la carne e mescola i peperoni a metà cottura.
6. Esci la teglia dopo 15 minuti.
7. Per un gusto migliore, servi con purè di patate e insalata fresca.

BRACIOLE DI MAIALE IMPANATE CROCCANTI

olio d'oliva spray
Sale
6 braciole di maiale disossate tagliate al centro (spesse 2 cm); col grasso rimosso (peso 140 gr appros. a costoletta)
½ tazza di pangrattato
16 gr. di parmigiano grattugiato
4 gr. di aglio in polvere

1/3 di tazza di cornflakes sbriciolati
½ cucchiaino di cipolla in polvere
1/8 di cucchiaino di pepe nero
1¼ di cucchiaino di paprika dolce
¼ di cucchiaino di peperoncino in polvere
1 uovo grande, sbattuto

PREP + COTTURA:
25'

PORZIONI:
2

NUTRITIONE – 1 PORZION:Cal:
Cal: 371 Kcal; Grassi: 14g;
Carboidrati: 13g; Proteine: 41g;
Sodio: 0mg

1. Assicurati che la tua friggitrice ad aria sia preriscaldata a 205°C per circa 2 minuti. Spruzza inoltre l'olio sulla superficie del cestello.
2. Serviti di ½ cucchiaino di sale kosher per condire le costolette di maiale su entrambi i lati.
3. Metti il pangrattato, il parmigiano, l'aglio in polvere, ¾ cucchiaino di sale kosher, i cornflake sbriciolati, la cipolla in polvere, il pepe nero, la paprika e il peperoncino in polvere in una grande scodella poco profonda.
4. Prendi un'altra grande ciotola poco profonda e sbattici dentro l'uovo. Inzuppa rispettivamente la carne prima nell'uovo sbattuto e poi nell'impanatura.
5. Trasferisci almeno 3 costolette nel cestello della friggitrice ad aria spruzzato, quindi cospargine leggermente la parte superiore con olio da cucina.
6. Lascia cuocere per 12 minuti, girando le costolette dall'altra parte dopo 6 minuti. Spruzza entrambi i lati delle costolette con un altro po' d'olio.
7. Rimuovi le costolette cotte dopo 12 minuti, quindi procedi con la cottura di quelle restanti.
8. Servire ben caldo.

COSTOLETTE DI MAIALE AFFUMICATE AL BALSAMICO

PREP + COTTURA:
35'

PORZIONI:
4

NUTRITIONE – 1 PORZION:
Cal: 479 Kcal; Grassi: 26 g;
Carboidrati: 31g; Proteine: 27g;
Sodio: 0mg

Spray da cucina
2 uova grandi da galline ruspanti, sbattute
60 gr. di latte
100 gr. di noci pecan tritate finemente
1 tazza di pangrattato
4 costolette di maiale con osso affumicate (da 200 gr ciascuna)
45 gr. di farina
Per la salsa:
2 cucchiai di marmellata di lamponi senza semi
2 cucchiai di zucchero di canna
1/3 di tazza di aceto balsamico
1 cucchiaio di concentrato di succo d'arancia scongelato

1. Assicurati che la tua friggitrice ad aria sia preriscaldata a 205°C.
2. Utilizza uno spray da cucina da spruzzare sul cestello della friggitrice ad aria.
3. Prendi una tazza poco profonda, quindi mischiaci dentro uova e latte.
4. Prendi un'altra ciotola poco profonda e mettici il pangrattato con le noci pecan.
5. Infarina le costolette di maiale e scuotile per eliminare la farina in eccesso.
6. Immergi le costolette di maiale ricoperte nel composto di uovo e mollica. Dai qualche colpetto mentre le costolette sono immerse per far sì che non cada neanche una goccia di rivestimento. Se hai molte costolette di maiale infarinale un po' per volta.
7. Disponi le costolette nel cestello della friggitrice ad aria in un unico strato, quindi spruzzale leggermente con lo spray da cucina.
8. Lascia cuocere le costolette di maiale all'interno della friggitrice per 12-15 minuti o finché non appaiono dorate. Gira le costolette dopo 6-7 minuti e dagli un'altra leggera spruzzata.
9. Toglile dalla friggitrice e lasciale al caldo dopo la cottura. Cuoci quindi le altre costolette.
10. Metti gli ingredienti inutilizzati in una piccola casseruola, quindi porta il tutto a ebollizione, mescolando fino a quando il composto non si sarà leggermente addensato. Dovrebbero volerci dai 6 agli 8 minuti al massimo.
11. Servi le costolette accompagnate da del burro.

COSTOLETTE AFFUMICATE DA BARBECUE

PREP + COTTURA:

1 h 5'

PORZIONI:

2

NUTRITIONE – 1 PORZION:
Cal: 375 Kcal; Grassi: 27g;
Carboidrati: 12g; Proteine: 18g;
Sodio: 402mg

1 cremagliera di costine (schiena o costolette separate)
2-3 cucchiai di insaporitore per carni di maiale
Sale e pepe nero macinato q.b.
100 gr. di salsa barbecue a piacere

1. Il pezzo di costine intero ha sempre una guaina di grasso difficile da rimuovere sulla parte esterna. Togli questa membrana tagliandola e tirandola via. Quindi affetta le costolette a metà o quasi, in modo che ogni pezzo possa entrare comodamente nella friggitrice ad aria.
2. Unisci l'insaporitore per maiale, il pepe e il sale e condisci entrambi i lati delle costine con questo composto.
3. Copri le costine e lasciale per 30 minuti a temperatura ambiente.
4. Trasferisci le costine nella friggitrice ad aria. Puoi anche metterle una sopra l'altra.
5. Lascia cuocere per 15 minuti a 180°C.
6. Gira le costine dall'altra parte dopo 15 minuti, e lascia cuocere per un ulteriore quarto d'ora.
7. Estrai le costine cotte dalla friggitrice ad aria, quindi condiscile con salsa barbecue a piacere.
8. Buon appetito!

POLPETTE DI SALSICCIA AL ROSMARINO

PREP + COTTURA:

30'

PORZIONI:

4

NUTRITIONE – 1 PORZION:
Cal: 475 Kcal; Grassi: 25 g;
Carboidrati: 15g; Proteine: 35g;
Sodio: 452mg

2 cucchiai di olio d'oliva
1 cucchiaino di curry in polvere
4 spicchi d'aglio, tritati
¼ di tazza di prezzemolo fresco tritato
1 cucchiaio di rosmarino fresco tritato
¼ di tazza di pangrattato secco
120 gr. di peperoni a dadini, scolati
1 uovo grande, leggermente sbattuto
1 kg di salsiccia di maiale senza guaina

1. Assicurati che la friggitrice ad aria sia preriscaldata a 205°C.
2. Prendi una padella piccola e mettila sul fuoco medio. Nella padella, scalda l'olio, il curry in polvere e l'aglio, finché il composto non sarà leggermente rosolato. Dura circa 1-2 minuti. Lascia raffreddare leggermente la miscela.
3. Prepara una base di prezzemolo, rosmarino, pangrattato, pomodori, uova e aglio in un piatto pulito. Aggiungi la salsiccia e mescola in modo dolce ma accuratamente.
4. Dal composto di salsiccia, prepara delle palline da 0,5 a 2,5 cm di diametro. Trasferisci le palline nel cestello della friggitrice ad aria, disponendole in un unico strato. Cuoci le polpette fino a quando non saranno leggermente dorate e fragranti, per un totale di circa 7-10 minuti.
5. Prendi le polpette cotte e tienile al caldo.
6. Fai lo stesso per le altre polpette.

CAPITOLO - 9

PESCE

SCAMPI CON PATATINE FRITTE

2 patate medie
Sale e pepe nero macinato q.b.
1 cucchiaio di olio d'oliva
450 gr di gamberoni
1 uovo piccolo
140 gr. di avena senza glutine
1 limone grande
1 cucchiaino di timo
1 cucchiaio di prezzemolo

PREP + COTTURA:

25'

PORZIONI:

3

NUTRITIONE – 1 PORZION:
Cal: 368 Kcal; Grassi: 9g;
Carboidrati: 37g; Proteine: 34g;
Sodio: 980mg

1. Dopo aver sbucciato le patate, tagliale a pezzetti, quindi vai a condirle con pepe e sale. Copri quindi le patate condite con un filo d'olio di oliva. Infine, cuoci per 5 minuti a 180°C in friggitrice ad aria.
2. Sciacqua i gamberi e asciugali tamponandoli con un canovaccio da cucina. Spostali sul tagliere, quindi condisci con sale e pepe.
3. Trasferisci l'uovo in una piccola ciotola e sbattilo adeguatamente con forchetta o frustino.
4. Nel frullatore, aggiungi l'80% dell'avena senza glutine insieme al timo e al prezzemolo. Frulla fino ad ottenere un impasto simile a del pangrattato grosso. Sposta il composto in una scodella di medie dimensioni.
5. In un'altra scodella, aggiungi la restante avena senza glutine.
6. Versa i gamberi nel composto di avena frullata, quindi l'uovo sbattuto in precedenza.
7. Infine, aggiungi ai gamberi l'avena restante non mischiata agli altri ingredienti.
8. Estrai le patatine dalla friggitrice ad aria con tutta la bistecchiera.
9. Metti il resto dei gamberi nella teglia della friggitrice e lascia cuocere a 180°C.
10. Spremi del succo di limone fresco sui gamberi e le patate. Buon appetito!
11. Servi pure e buon appetito.

FISH AND CHIPS

250 gr. filetto di pesce bianco (tilapia, merluzzo, merluzzo bianco)
Sale e pepe nero macinato q.b.
½ cucchiaio di succo di limone
30 gr di nachos
1 uovo
300 gr. di patate (rosse)
1 cucchiaio di olio vegetale

PREP + COTTURA:
30'

PORZIONI:
2

NUTRITIONE – 1 PORZION:
Cal: 309 Kcal; Grassi: 5g;
Carboidrati: 37g; Proteine: 28g;
Sodio: 486mg

1. Preriscalda la tua friggitrice ad aria a 180°C.
2. Taglia il pesce in quattro tranci uguali. Cospargi ciascun trancio con pepe, sale e succo di limone e lascia riposare per 5 minuti.
3. Mentre il pesce riposa, trita le nachos nel robot da cucina. Metti le nachos macinate su un piatto. Prendi un altro piatto fondo e sbattici dentro l'uovo.
4. Inzuppa ciascun trancio di pesce nell'uovo, quindi passali tutti nelle nachos sbriciolate fino a ricoprirli completamente. Fai lo stesso per tutti i tranci di pesce.
5. Taglia le patate sbucciate a listarelle sottili nel senso della loro lunghezza, quindi mettile a bagno in acqua per non meno di 30 minuti. Dopo aver fatto sgocciolare l'acqua, asciugale con della carta da cucina. Infine, spruzza o versa un po' d'olio sulle patate in una scodella.
6. Disponi il separatore nel cestello della friggitrice ad aria. Metti le patate e i pezzi di pesce su ciascuna sezione della teglia.
7. Metti il cestello nella friggitrice ad aria e lascia che patate e pesce cuociano per 12 minuti (o fino a quando non avranno un colore marrone e la consistenza croccante).

PESCE SPADA ALLA MEDITERRANEA

60 gr. di pomodori secchi
1/4 di tazza di prezzemolo
1/2 cucchiaino di paprika
1 cucchiaio di capperi
2 spicchi d'aglio
1 cucchiaino di cumino
2 bistecche di pesce spada da 220 gr.
1 cucchiaino di succo di limone
1 cucchiaio di olio d'oliva
1/4 cucchiaino di pepe nero appena

macinato
1/4 di tazza di olive nere
1/4 di cucchiaino di peperoncino rosso tritato
1 cucchiaio di succo di limone
1/2 cucchiaino di sale

PREP + COTTURA:
50'

PORZIONI:
2

NUTRITIONE – 1 PORZION:
Cal: 310 Kcal; Grassi: 21g;
Carboidrati: 2g; Proteine: 28g;
Sodio: 495mg

1. Riunisci in una ciotola tutti gli ingredienti per insaporire il pesce.
2. Strofina il composto sulle bistecche di pesce spada.
3. Metti il pesce spada nella sezione del flusso d'aria. Posiziona quindi la griglia nella posizione in alto della friggitrice.
4. Aumenta il tempo di cottura a 20 minuti, quindi premi il pulsante di accensione, poi il pulsante pesce (200°C). Gira i filetti di pesce spada a metà cottura (10 minuti).
5. Riunisci gli ingredienti decorativi in una scodella.
6. Aggiungi gli ultimi ingredienti su entrambe le bistecche di pesce spada.

TORTINI DI PESCE CON SALSA DI MANGO

1 mango maturo, sbucciato
3 cucchiai di coriandolo fresco o prezzemolo a foglia piatta
1½ cucchiaino di pasta di peperoncino rosso
Succo e scorza di 1 lime

450 gr. di filetto di pesce bianco (merluzzo bianco, merluzzo, pangasio, tilapia)
1 uovo, sbattuto
1 cipollotto, tritato finemente
55 gr. di cocco macinato

PREP + COTTURA:
8'

PORZIONI:
4

NUTRITIONE – 1 PORZION:
Cal: 264 Kcal; Grassi: 3g;
Carboidrati: 50g; Proteine: 9g;
Sodio: 390mg

1. Assicurati che la tua friggitrice ad aria sia preriscaldata a 190°C.
2. Taglia il mango a cubetti e frullali assieme ad un cucchiaio di coriandolo, ½ cucchiaino di pasta di peperoncino rosso, il succo e mezza scorza di lime.
3. Frulla anche il pesce e applica un cucchiaino di sale, la scorza di lime rimanente, la pasta di peperoncino rosso e il succo di lime nel robot da cucina. Frulla con il coriandolo rimasto, 2 cucchiai di cocco e il cipollotto.
4. Prendi un piatto per zuppa e spostaci dentro il resto della noce di cocco. Ricava 12 porzioni dal composto di pesce, con ciascuna che deve avere la forma di un tortino rotondo. Infine, ricopri di cocco tutti i tortini
5. Disponi sei di questi tortini di pesce nel cestello della friggitrice, quindi friggili per 7 minuti circa o fino a ottenere un colore marrone dorato. Fai lo stesso per gli altri tortini di pesce.
6. Impiatta i tortini con la salsa al mango

SALMONE CON INSALATA DI FINOCCHI

PREP + COTTURA:
30'

PORZIONI:
4

NUTRITIONE – 1 PORZION:
Cal: 288 Kcal; Grassi: 19g;
Carboidrati: 5g; Proteine: 27g;
Sodio: 0mg

2 cucchiaini di prezzemolo fresco a foglia piatta, tritato finemente
1 cucchiaino di timo fresco, tritato finemente
1 cucchiaino di sale kosher, diviso in due parti
4 filetti di salmone (da 170 gr. cad.) sfilettati senza pelle
2 cucchiai di olio d'oliva
1 spicchio d'aglio grattugiato
4 tazze di finocchio affettato sottilmente (da 2 teste di finocchio 400 gr. circa)
2 cucchiai di succo d'arancia fresco (da 1 arancia)
2/3 di tazza di yogurt greco con grassi ridotti al 2%
2 cucchiai di aneto fresco tritato
1 cucchiaino di succo di limone fresco (da 1 limone)

1. Assicurati che la friggitrice ad aria sia preriscaldata a 175°C.
2. Versa in una scodella tutti insieme il prezzemolo, il timo e mezzo cucchiaino di sale.
3. Spennella il salmone con olio, quindi strofinaci su il composto di spezie.
4. Passa i filetti di salmone nel cestello della friggitrice ad aria, quindi lasciali cuocere a 185°C.
5. Taglia i filetti una volta soddisfatto del livello di cottura (ci vorranno circa 10 minuti).
6. Per mantenerli caldi, trasferisci i filetti cotti nella friggitrice ad aria preriscaldata. Fai lo stesso con gli altri filetti.
7. Prepara l'insalata di finocchi mentre friggi il salmone. Mescola in una scodella media l'aglio, il finocchio, il succo d'arancia, lo yogurt, l'aneto, il succo di limone e l'altro mezzo cucchiaino di sale.
8. Impiatta i filetti di salmone direttamente sull'insalata di finocchi.

TORTINI DI SALMONE

3 patate grandi (400 gr.)
Pangrattato per l'impanatura q.b.
Prezzemolo fresco tritato q.b.
1 porzione di salmone (350 gr.)
Verdure surgelate (scottate e

scolate), un nonnulla
Sale e pepe nero macinato q.b.
2 mani di aneto
1 uovo, sbattuto
Olio d'oliva spray

PREP + COTTURA:
40'

PORZIONI:
8

NUTRITIONE – 1 PORZION:
Cal: 208 Kcal; Grassi: 13g;
Carboidrati: 6g; Proteine: 17g;
Sodio: 403mg

1. Trita a pezzetti le patate sbucciate. Fai bollire acqua in quantità sufficiente, versaci dentro le patate tagliate e cuocile per 10 minuti (o finché non sono tenere). Rimuovi l'acqua, poi, a fuoco lento, fai proseguire la cottura delle patate.
2. Schiaccia le patate cotte con una frusta fino a quando l'acqua al loro interno non sarà evaporata (ci vorranno circa 2-3 minuti). Trasferisci il purè di patate in una capiente ciotola. Mettilo in frigorifero, tirandolo fuori una volta freddo.
3. Prepara il pangrattato mentre pulisci le patate. Frulla 4 parti del totale del pangrattato fino ad ottenere un composto fine, quindi mettilo da parte.
4. Estrai il purè di patate dal frigorifero, quindi unisci il prezzemolo tritato, il salmone sbriciolato, i pomodori sbollentati, l'aglio e l'aneto. Prova ad assaggiare e aggiungi gli ingredienti se non sono sufficienti. Aggiungi l'uovo al composto e mescola accuratamente.
5. Con le mani asciutte, prepara 6-8 polpette o polpettine, quindi ricoprile con il pangrattato. Per ottenere la colorazione desiderata basta spruzzare dell'olio sulle polpette. Cuoci in friggitrice ad aria le polpette per circa 10-12 minuti (o fino a doratura) a 180°C. Se stai usando la bistecchiera non serve fare altro. Se invece utilizzi la teglia, non dimenticare di girare le polpettine una volta che la parte superiore è ben dorata.
6. Servi le polpettine accompagnandole a limone, maionese e insalata.

TORTINI DI TONNO

2 scatolette di tonno confezionate in acqua
1 cucchiaio e mezzo di farina di mandorle
1 cucchiaino di aglio in polvere
½ cucchiaino di cipolla in polvere
1 cucchiaino di aneto essiccato
1 cucchiaio e mezzo di maionese
Succo di ½ limone
Un pizzico di sale e pepe nero macinato

PREP + COTTURA:
20'

PORZIONI:
2

NUTRITIONE – 1 PORZION
Cal: 107 Kcal; Grassi: 5g;
Carboidrati: 3g; Proteine: 15g;
Sodio: 278mg

1. In una ciotola, mescola bene tutti gli ingredienti.
2. Il tonno dovrebbe essere umido al punto da modellarlo con facilità in polpette. Aggiungi un cucchiaio in più di farina di mandorle se la secchezza non è sufficiente per formare delle polpette.
3. Ricava quattro polpette dal composto di tonno.
4. Assicurati che la friggitrice ad aria sia preriscaldata a 210°C.
5. Trasferisci le polpette nel cestello in un unico strato, quindi cuocile per 10 minuti.
6. Se preferisci delle polpette più croccanti, cuocile per altri 3 minuti.

CAPITOLO - 12

VERDURE

PATATINE DI ZUCCA FRITTE

300 gr. zucca
Sale e pepe nero macinato q.b.
1 cucchiaio di mostarda
1 cucchiaini di timo
Ketchup, facoltativo

PREP + COTTURA:
25'

PORZIONI:
2

NUTRITIONE – 1 PORZION:
Cal: 139 Kcal; Grassi: 5g;
Carboidrati: 20g; Proteine: 4g;
Sodio: 0mg

1. Prima di affettare le patatine, separare i semi dalla zucca sbucciata.
2. Trasferisci le patatine nella friggitrice ad aria; impostala a 200°C e cuocile per 15 minuti.
3. Scuotile e insaporiscile dopo 7 minuti con sale, pepe, senape e timo.
4. Servi le pseudo-patatine calde insieme al ketchup.

PATATINE DI ZUCCHINE

1 tazza di pangrattato
3/4 di tazza di Parmigiano grattugiato
1 zucchina media, tagliata a fettine sottili
1 uovo grande, sbattuto
Spray da cucina

PREP + COTTURA:
35'

PORZIONI:
3-4

NUTRITIONE – 1 PORZION
Cal: 249 Kcal; Grassi: 15g;
Carboidrati: 8g; Proteine: 22g;
Sodio: 780mg

1. Prima di iniziare a cucinare le zucchine, preriscalda la friggitrice ad aria a 175°C.
2. Unisci su un vassoio il pangrattato e il parmigiano.
3. Inzuppa 1 fetta di zucchine in un uovo sbattuto, poi ricoprila nel composto di pangrattato. Adagia la fettina di zucchine sulla griglia della friggitrice elettrice, facendo quanto visto sopra con le fettine restanti. Spruzza delicatamente le fette di zucchine con uno spray da cucina.
4. Dovresti mettere quante più fettine di zucchine possibili nel cestello senza però sovrapporle.
5. Cuoci per 10 minuti. Usa le per capovolgere le fettine. Cuoci per altri 2 minuti. Rimuovi le fettine dalla friggitrice e ripeti quanto fatto con le fette di zucchine restanti.

BROCCOLI E CAVOLFIORI ARROSTO

700 gr. di cime di broccoli
¼ di cucchiaino di sale marino
½ cucchiaino di aglio in polvere
2 cucchiai di olio d'oliva
3 tazze di cimette di cavolfiore
¼ di cucchiaino di paprika
1/8 di cucchiaino di pepe nero macinato

PREP + COTTURA:
30'

PORZIONI:
6

NUTRITIONE – 1 PORZION:
Cal: 68 Kcal; Grassi: 5g; Carboidrati:
6g; Proteine: 3g; Sodio: 103mg

1. Assicurati che la friggitrice ad aria sia preriscaldata a 210°C.
2. In una grande scodella ideale per il microonde, unisci le cimette di broccoli. Imposta il microonde su "alto" e cuoci le cimette per 3 minuti. Estrai la scodella dal microonde.
3. Mescola il sale marino, l'aglio in polvere, l'olio d'oliva, il cavolfiore, la paprika e il pepe nero nella ciotola contenente i broccoli. Sposta il composto nel cestello della tua friggitrice ad aria.
4. Fai cuocere il composto, con il timer impostato a 12 minuti. Inserisci le altre verdure dopo 6 minuti per ottenere una doratura uniforme.

ASPARAGI FRITTI ALL'ARIA

½ mazzo di asparagi, con il fondo tagliato di 5 cm
Olio di avocado o d'oliva spray
Sale dell'Himalaya q.b.
Pepe nero macinato q.b.

PREP + COTTURA:
20'

PORZIONI:
2-4

NUTRITIONE – 1 PORZION:
Cal: 94 Kcal; Grassi: 4g; Carboidrati:
11g; Proteine: 9g; Sodio: 740mg

1. Dopo aver messo i fiori e gli steli di asparagi tagliati nel cestello della friggitrice, spruzzali leggermente con olio da cucina.
2. Aggiungi una spolverata di sale e un po' di pepe nero.
3. "Inforna" nella friggitrice ad aria, quindi lascia cuocere per 10 minuti a 205°C.
4. Servire a cottura ultimata.

ANELLI DI CIPOLLA

2 cucchiaini di lievito in polvere
100 gr. di farina per tutti gli usi
70 gr. di amido di mais
1 cucchiaino di sale
1 cipolla grande, tagliata ad anelli
1 uovo

240gr. di latte
1 tazza di pangrattato
Spray da cucina
2 pizzichi di aglio in polvere,
facoltativo
2 pizzichi di paprika, facoltativo

1. Prendi una scodella ridotta e mescolaci dentro lievito, farina, amido di mais e sale. Passa le fettine di cipolla nella miscela di farina e amido fino ad avvolgerle completamente.
2. Sbatti insieme l'uovo ed il latte. Prendi le fette di cipolla impanate e immergile nel composto di uovo fino a coprirle. Poggia tutti gli anelli di cipolla sulla griglia prima che la pastella inizi a cadere.
3. Metti il pangrattato in un piatto, e successivamente impanaci dentro le fettine di cipolla; prova anche a far cadere l'impanatura sugli anelli già adagiati sul fondo del piatto per avvolgerli del tutto. Picchiettali per far aderire bene il composto di pastella e pangrattato.
4. Attiva la friggitrice ad aria e portala a 200°C. Non dimenticare mai di seguire le istruzioni del produttore per evitare danni all'elettrodomestico.
5. Posiziona gli anelli di cipolla sulla teglia, applicando alla fine un nonnulla di spray da cucina. Quindi rigira gli anelli per fare lo stesso, dopodiché inserisci la teglia nella friggitrice ad aria. Lasci cuocere da uno a un minuto e mezzo, quindi gira di nuovo gli anelli di cipolla. Concludi la cottura per un altro minuto-minuto e mezzo. Adesso estrai gli anelli dal forno e asciugali poggiandoli su carta assorbente.
6. In alternativa, puoi scegliere di spolverare gli anelli con della paprika o dell'aglio in polvere.

PREP + COTTURA:
25'

PORZIONI:
4

NUTRITIONE – 1 PORZION:
Cal: 203 Kcal; Grassi: 10g;
Carboidrati: 26g; Proteine: 4g;
Sodio: 1108mg

PEPERONI RIPIENI

2 cucchiaini di erbe aromatiche
miste essiccate
2 spicchi d'aglio, tritati
1 carota, a dadini
1 cipolla piccola, tagliata a dadini
60 gr. di piselli
1 patata a dadini

1 panino vegano, tagliato a dadini
6 peperoni rossi - cime, semi e
membrane rimosse (tenere le cime)
1/3 di tazza di formaggio vegano
grattugiato

1. Unisci le spezie miste, lo zenzero, il cavolo, il pomodoro, i piselli, le patate e il pane in un piatto pulito.
2. Dopo aver tagliato le cime di peperone rosso, buttale nel piatto. Trita accuratamente.
3. Assicurati che la friggitrice ad aria sia preriscaldata a 175°C.
4. Farcisci i peperoni con il ripieno.
5. Sposta i peperoni ripieni nel cestello della friggitrice ad aria.
6. Lasciali cuocere finché non saranno teneri e caldi, ci vorranno circa 20 minuti.
7. Occorreranno altri 5 minuti per includere il formaggio vegano grattugiato e portarlo a scioglimento.

PREP + COTTURA:
50'

PORZIONI:
6

NUTRITIONE – 1 PORZION:
Cal: 296 Kcal; Grassi: 13g;
Carboidrati: 19g; Proteine: 25g;
Sodio: 408mg

JALAPENO POPPERS

220 gr. di crema di formaggio, io ne ho usata una senza latticini
¾ tazza di pangrattato
¼ di tazza di prezzemolo fresco
10 peperoncini jalapenos tagliati a metà e privati dei semi

PREP + COTTURA:
50'

PORZIONI:
2-3

NUTRITIONE – 1 PORZION:
Cal: 69 Kcal; Grassi: 5g; Carboidrati: 4g; Proteine: 3g; Sodio: 103mg

1. Prima di aggiungere il prezzemolo, mescola innanzitutto la crema di formaggio con metà delle briciole.
2. Riempi ciascun peperoncino con questo composto.
3. Nell'altro quarto di tazza di briciole, spingi verso il basso la parte superiore di ogni peperone, formando il rivestimento superiore.
4. Lascia i peperoni a cuocere a 185°C per 6-8 minuti in friggitrice ad aria. Imposta la temperatura a 190 gradi e il tempo a 20 minuti se utilizzi una friggitrice ad aria tradizionale.
5. Lascia raffreddare i peperoni prima di servirli.

CAPITOLO - 13

DOLCI

CHURROS CON SALSA AL CIOCCOLATO

125 ml. Di acqua
65 gr. di burro
¼ di cucchiaino di sale kosher
60 gr. di farina
2 uova grandi
70 gr. di zucchero di semola
2 cucchiaini di cannella in polvere
3 cucchiai di panna
115 gr. di cioccolato fondente agrodolce, tritato finemente
2 cucchiai di kefir alla vaniglia

PREP + COTTURA:
1 h 30'

PORZIONI:
4

NUTRITIONE – 1 PORZION:
Cal: 173 Kcal; Grassi: 11g;
Carboidrati: 17g; Proteine: 3g;
Sodio: 0mg

1. In una piccola casseruola sul fuoco medio-alto, unisci l'acqua, ¼ di tazza di burro e il sale. Lascia bollire prima di ridurre la fiamma a medio-bassa. Ora aggiungi la farina e mescola molto bene utilizzando un cucchiaio di legno. Smetti di mescolare quando l'impasto è liscio: ci vogliono circa 30 secondi. Continua quindi la cottura, mescolando costantemente fino a quando il composto non inizierà a staccarsi dai lati della padella formando una pellicola sul fondo - per questo ci vogliono circa 2-3 minuti.
2. Rimuovi l'impasto dalla casseruola e trasferiscilo in una scodella di medie dimensioni. Continua a mescolare finché il tutto non si sarà leggermente raffreddato, per circa 1 minuto. Ora aggiungi le uova una dopo l'altra mescolando. Smetti di mescolare solo quando la miscela di pasta all'uovo è completamente amalgamata, dopo che tutte le uova sono state aggiunte.
3. Trasferisci il composto in una "sac à poche" munita di punta a stella media. Lascia raffreddare per 30 minuti.
4. Versa 6 pezzi, ciascuno lungo 7 cm, della miscela di pasta nel cestello della friggitrice ad aria, disponendoli in un unico strato. Lascia cuocere a 195°C per 10 minuti o finché non saranno dorati. Fai lo stesso per l'impasto inutilizzato.
5. In una scodella media e pulita, unisci zucchero e cannella. Spennella i churros cotti con il burro fuso restante prima di arrotolarli nella miscela di zucchero, per ottenere un rivestimento uniforme.
6. Prendi una ciotola per microonde, quindi unisci panna e cioccolato. Trasferisci la ciotola nel microonde e mettila in ALTO fino ad ottenere una miscela ben sciolta - ci vorranno circa 30 secondi. Dopo una cottura di 15 secondi, mescola il composto.
7. Alla fine dei 30 secondi, unisci il kefir.
8. Unisci i churros alla salsa al cioccolato quando vai a servire.

TORTA DI BANANA

Spray da cucina
50 gr. di burro, a temperatura ambiente
70 gr. di zucchero di canna
1 uovo

1 banana, schiacciata
2 cucchiai di miele
120gr. di farina
1 pizzico di sale
½ cucchiaino di cannella in polvere

PREP + COTTURA:
45'

PORZIONI:
4

NUTRITIONE – 1 PORZION:
Cal: 374 Kcal; Grassi: 12g;
Carboidrati: 57g; Proteine: 5g;
Sodio: 506mg

1. Assicurati che la friggitrice ad aria sia preriscaldata a 160°C.
2. Prendi una piccola padella con tubi scanalati e spruzzaci dello spray da cucina.
3. Usa lo sbattitore elettrico in una ciotola pulita per mescolare burro e zucchero, fino ad ottenere una combinazione morbida e spumosa.
4. In un piatto separato, unisci l'uovo, l'ananas e il miele. Unisci la combinazione di banana e burro, quindi frusta fino ad amalgamarla con la miscela fresca.
5. Setaccia insieme il riso, il sale e la cannella e mescola, quindi mescola fino ad amalgamare.
6. Sposta la pastella ed uniforma la superficie del composto nella teglia "accarezzandola" col retro del mestolo o di un cucchiaio.
7. Trasferisci la teglia nel cestello della friggitrice ad aria e lascia cuocere per 30 minuti, o fino a quando la torta non sarà pronta, te ne accorgi se ci metti dentro uno stuzzicadenti e lo tiri fuori pulito.
8. Togli la torta-crostata dalla teglia e lasciala raffreddare per circa 5 minuti.

TORTA AL CIOCCOLATO

Spray da cucina
60 gr. di burro ammorbidito
50 gr. di zucchero bianco
1 cucchiaio di marmellata di albicocche
1 uovo
50 gr. di farina
Sale q.b.
1 cucchiaio di cacao amaro in polvere

PREP + COTTURA:
30'

PORZIONI:
4

NUTRITIONE – 1 PORZION:
Cal: 506 Kcal; Grassi: 24g;
Carboidrati: 70g; Proteine: 5g;
Sodio: 0mg

1. Assicurati che la friggitrice ad aria sia preriscaldata a 160°C.
2. Prendi una piccola padella scanalata e spruzzala con dello spray da cucina.
3. Unisci burro e zucchero in una ciotola pulita. Sbatti il composto con una frusta elettrica. Frulla fino ad ottenere un composto cremoso e leggero. Ora aggiungi la marmellata e l'uovo, quindi mescola accuratamente. Setaccia la farina, il sale, il cacao in polvere e mescola ancora.
4. Trasferisci la pastella nella padella spruzzata e rimettila nel cestello della friggitrice ad aria.
5. Cuoci in friggitrice ad aria fino a quando non tirerai fuori uno dal centro della torta completamente pulito - ci vorranno circa 15 minuti.

CIAMBELLE ZUCCHERATE

60 ml. di acqua calda riscaldata (da 30° a 40°C circa)
1 cucchiaino di lievito secco attivo
55 gr. di zucchero di semola
240 gr. di farina
¼ di cucchiaino di sale kosher
1 uovo grande, sbattuto
30 gr. di burro non salato, sciolto
50 ml. di latte intero, a temperatura ambiente
110 gr. di zucchero a velo

PREP + COTTURA:
2 h 15'

PORZIONI:
6

NUTRITIONE – 1 PORZION
Cal: 251 Kcal; Grassi: 8g;
Carboidrati: 39g; Proteine: 5g;
Sodio: 109mg

1. Prendi una piccola ciotola pulita e unisci acqua, lievito e mezzo cucchiaino di zucchero semolato. Lascia agire per altri 5 minuti fino a quando la miscela non sarà spumosa.

2. Unisci la farina, il sale e il restante 1/4 di tazza di zucchero semolato in una ciotola media pulita. Aggiungi una combinazione di lievito, uova, burro e latte. Mescola il composto con un cucchiaio di legno prima di formare un impasto soffice.

3. Stendi l'impasto su una superficie leggermente infarinata, quindi impasta fino ad ottenere un composto liscio. Ci vorranno circa 1-2 minuti. Sposta la pasta liscia in una ciotola leggermente unta, quindi coprila. Tienila in un luogo caldo fino a quando il volume non sarà duplicato, ci vorrà circa 1 ora.

4. Su un tavolo leggermente infarinato o un tavoliere, rimetti la pasta lievitata e stendila delicatamente fino a raggiungere uno spessore di mezzo centimetro. Taglia dall'impasto otto cerchi, utilizzando una formina rotonda di 7 cm di diametro. Usa la formina da 2 cm e mezzo per fare il buco. Trasferisci le ciambelle e i buchi tagliati su una superficie leggermente infarinata, quindi copri tutto con della pellicola trasparente. Per consentire alle ciambelle di raddoppiare di volume, dovresti lasciarle riposare per circa 30 minuti.

5. Ora, in un singolo strato, disponi due cerchi e due ciambelle nel cestello della friggitrice ad aria. Lascia cuocere per 4-5 minuti a 175°C o fino a doratura. Fai lo stesso per le ciambelle e i cerchi restanti.

6. Unisci lo zucchero a velo e l'acqua di rubinetto in una ciotola media e trasparente. Sbatti fino a ottenere una miscela omogenea. Adesso immergi ciambelle e cerchi nella glassa, mettendoli singolarmente dopo su una griglia, con sotto una teglia foderata di carta forno. Così facendo farai scolare facilmente giù la glassa in eccesso.

7. Lascia agire per circa 10 minuti prima che la glassa si indurisca.

TORTA DI MELE

PREP + COTTURA:
55'
PORZIONI:
8

NUTRITIONE – 1 PORZION:
Cal: 264 Kcal; Grassi: 13g;
Carboidrati: 36g; Proteine: 3g;
Sodio: 265mg

Per la pasta:
½ limone
115 gr. di zucchero di canna
115 gr. di burro o margarina
Sale q.b.
260 gr. di farina a lievitazione spontanea

Per il ripieno:
1,5 kg di crostata di mele
15 gr. di ribes
5 cucchiai di marmellata di albicocche
2 cucchiai di crema pasticcera alla vaniglia
Un pizzico di cannella
2 oz. uvetta
230 gr. di zucchero

Per la decorazione:
Zucchero a velo

1. Grattugia e sbuccia il limone pulito, poi spremi la frutta.
2. Unisci zucchero, burro, succo e scorza di limone ed un pizzico di sale. Infine, aggiungi la farina autolievitante nella miscela di burro.
3. Affetta le mele sbucciate e uniscile a ribes, marmellata di albicocche, crema pasticcera, cannella, uvetta e zucchero.
4. Stendi l'impasto fino a 25 cm di diametro, o dividilo in tre e stendilo in sezioni da 20 cm ciascuna, a seconda delle dimensioni della teglia della friggitrice ad aria. In ogni caso, ungi la/le teglia/e con un po' di burro fuso o mettici un foglio di carta forno.
5. Metti l'impasto nella teglia e spingi verso il basso con le dita per livellarlo. Fora la base con una forchetta per evitare la formazione di bolle d'aria. Ora spalma il ripieno sulla parte superiore e inforna la torta. Se hai una friggitrice Advance XL, inforna per 50 minuti a 160°C, mentre per 30 minuti sempre a 160°C per le friggitrici ad aria Viva.
6. Terminata la cottura, lascia la torta nella teglia finché non si sarà raffreddata, quindi spolvera con lo zucchero a velo.

CONCLUSIONE

Congratulazioni! Sei arrivato alla fine di questo ricettario!

Le friggitrici ad aria ormai sono conosciute e molto diffuse, non solo in Italia ma in tutto il mondo. Personalmente non ne sono affatto sorpreso.

Questi incredibili elettrodomestici, infatti, possono davvero cuocere di tutto semplicemente facendo ricircolare l'aria calda: puoi farci patatine fritte, pollo, verdure, ma anche torte e biscotti!

Le ricette in questo libro sono tra le più gustose ma anche tra le più sane a cui è possibile pensare. Dal delizioso bacon della American Breakfast fino alle dolcissime torte al cioccolato, adesso puoi preparare i tuoi cibi preferiti senza nemmeno sentirti in colpa.

Il mio augurio è che tu abbia apprezzato queste ricette tanto quanto son piaciute a me, con la sicurezza che ti aiuteranno a far bella figura con chiunque si ritrovi ad essere un tuo commensale, dai tuoi amici ai familiari più cari!

P.S.: E non dimenticare di pulire la tua friggitrice ad aria dopo ciascun utilizzo, guarda che ti tengo d'occhio! :)

GRAZIE DI VERO CUORE!

Lightning Source UK Ltd.
Milton Keynes UK
UKHW050832030621
384857UK00004B/13